ECHAPPÉ

DE L' ENFER

ECHAPPÉ
DE L' ENFER

Annie Tchuente Djoum

Translation of the Book : Escaping from the Evil in French

Title of the book: Echappé de l' enfer

Caption: in French = Légende: Annie Tchuente Djoum 6 ans après sa fuite du demon

Annie Tchuente Djoum

Droit D'auteur © 2011 by Annie Tchuente Djoum.

Librairie du Congres Numero de control:		2011913885
ISBN:	Couverture dure	978-1-4653-4685-8
	Couverture souple	978-1-4653-4684-1
	Livre electronique	978-1-4653-4686-5

Ce livre a ete' imprime' aux Etats-Unis D amerique.

Pour commander des copies additionelles de ce livre:
Aller a' Xlibris Corporation a'
1-888-795-4274
www.Xlibris.com
Orders@Xlibris.com
98137

TABLE DE MATIÈRE

DÉDICACEMENT

Ce livre est dedicace' á Dieu qui m'a donné les ideés et les moyens pour que mes enfants Ange, Ryan ainsi que mon père et moi nous puissions nous échapper du démon et sauver notre vie.

A mes enfants qui etaient lá pour me donner la force de continuer á vivre pendant la souffrance que j' ai endureé Durant ma vie avec le démon.

A ma mère Jeannette Kossi et á mon père Joseph Tcheute' qui n'ont jamais cessé de croire en moi: pour leur affection et attention et aussi le support et encouragement qu' ils m'ont apportés pendant toute ma vie scolaire, academique et educative. Je remercie mes parents anfin pour l' aide qu'ils m'ont apporteé dans l'elaboration d'un plan pour que je m'enfuis du demon.

J'aimerais aussi dire merci á ma soeur Liliane Kom et son partenaire Calvin Njampou pour leur amour et encouragement.

Je profitte de l'occasion pour dire merci a' mes tantes Henriette Makambu et Djom Silo Claire pour leur encouragement et tous les moyens qu'elles m'ont apportés pour que je puisse arriver aux U.S.A.

Je remercie aussi mon grand ami Roger Wandji qui a cru en moi et qui m'a aidé pendant les differentes batailles avec le demon. Je le remercie sincèrement pour le support qu'il m'a apporté pendant ma vie avec le démon et après mon echappe' du démon.

Je profitte aussi de l'occasion pour addresser mes remerciements á mon amie Dr. Anne-Marie Moukala Cadet pour sa sincère attention, amitié et conseilles.

Je remercie aussi mes amis Nancy Scull, Raquell Mitchell et Navodini Harmsen pour leur sincère attention et amitié et leur aide et orientation pour que je puisse m'integrer et reussir aux Etats-Unis.

Je dédicace finalement ce livre aux femmes dans le monde entier qui vivent dans une relation abusive: specialement les femmes africaines. Par ce livre, J'aimerais dire aux femmes abusées africaines qu'elles doivent avoir la force et le courage ainsi que la determination de s'enfuir pour sauver leur vie leur dignité ainsi que la vie de leur enfants.

PRÉFACE

J'ai commencé a' ecrire ce livre en 2004 quand je prenais une classe de speech. J'ai ecris ce livre parceque j'etais dans une relation abusive et ceci etait ma facon d'exprimer ce que je ressentais et vivais. En même temps, pendant que je vaquais a' mes occupations quotidiennes, j'élaborais un plan d'action de fuite avec mes enfants.

La difficulté que j'ai rencontreé dans l'ecriture de ce livre etait le fait qu' en tant qu'une nouvelle immigrante des U.S.A, j'etais dans un nouveau pays que j'aime beaucoup sans membre de ma famille et sans un groupe de support efficace. Une de mes grandes craintes était de m'enfuir avec mes enfants sans avoir á lutter avec leur père.

J' écris aussi ce livre aux femmes du monde entier qui sont victimes de violence domestique et abus par leur partenaire; qu'elles puissent être capable de s' enfuir au lieu de perdre leur vie et dignité.

Les statistiques ont montré que la violence domestique est la cause de blessure aux femmmes entre les ages 15 et 44 ans aux U.S.A, plus que les accidents de voiture, aggressions et viols combinés. (Violences contre les femmes, un rapport majoritaire de staff, "commité sur le judiciare, le senat des Etats Unis, 102eme Congres, Octobre 1992, P.3)

En faisant les recherches sur ce sujet, j' ai ainsi trouvé qu' une estimation de 1, 3 millions de femmes sont victimes de violence physique par un partenaire intime tous les ans. (Coût de partenaire intime Violence contre les femmes aux U.S.A 2003. Centre National de Control et de Prevention de maladie, Atlanta, GA.)

La moyenne de sentence des hommes qui tuent leur partenaires femmes est de 2 á 6 ans. Les femmes qui tuent leur partenaire on une moyenne de sentence de 15 ans (Coalition National Contre la violence Domestique, 1989)

Les garcons qui assistent aux actes de violence domestiques sont deux fois plus exposés á abuser leur partenaires et enfants dans le future quand ils deviennent adultes. (Strauss, Gelles et Smith, Violence physique dans les familles africaines. Transaction Publishers 1990)

REMERCIEMENT

J'aimerais sincèrement dire merci á ma fille Ange Guianin et mon fils Ryan Tabouguia qui m'ont assisté valablement dans la preparation de ce livre. J'aimerais aussi dire merci á mon amie Dr. Anne-Marie Moukala Cadet pour ses conseils et support pendant la preparation de ce livre.

INTRODUCTION

Je croyais et je crois toujours que le marriage ou avoir un partenaire est une foundation solide pour la vie et la societe'. Quand je suis alleé etudier en Belgique, j'ai experimenté la solitude. Même si j'etais a' 60 % pas sure que mon marriage avec le père de mes enfants n'allais pas marcher, j'ai decidé de l'amener aux U.S.A, pays de mes rêves, contre la volonté de mes parents. J'ai mis l'interêt de mes enfants et mon bonheur en premiere place.

Avant d'arriver aux U.S.A, je savais que le ciel est la limite pour les gens qui ont les grands projets et les grands rêves; et qui ont la santé et la volonté de travailler dur pour realiser leur rêve.

Je croyais aussi que les gens qui sont bien eduqués ont une ouverture d'esprit et sont tolerants aux differentes diversités culturelles. J'ai améné le père de mes enfants parceque j'avais besoin d'un ami et d'un partenaire de vie aux U.S.A, pays où les gens aiment avoir leur zone de confort et où la culture est differente de celle de mon pays d' origine. En effet, dans mon pays d'origine, quelqu'un peut rendre visite aux amis et membres de la famille sans rendez-vous. Je n'avais jamais eu une vie commune avec le demon au Cameroun. Je l'ai bien connu aux Etats Unis pendant que j'habitais avec lui dans la même maison. Sans l'aide de ma famille (mère, père, grand-mère, soeur et mes enfants), je ne serais pas en vie aujourd'hui.

Ma relation avec le démon se deteriorait á cause de beaucoup de facteurs, comme la difference educative, l' incompatibilite' en ce qui concerne la vision des valeurs et normes sociales acceptables, son manque de respect á moi et á mes parents, son comportements irrespectuex et très controllant et tres violent.

Dans les prochaines lignes, j'aimeriais decrire ma vie avec le démon et comment j ai pu m'echapper de lui.

CHAPITRE 1

Où j'ai rencontré le demon

Au Cameroun, mon pays d'origine, j'avais l'habitude de visiter mes cousines a' Douala. Pendant l'une de ses visites, ma cousine Mimi, ainsi que d'autres amis m'ont invité en boite de nuit. Je suis allée au night Club et j ai rencontre' le démon. Il m'a invité la premiere fois pour dancer avec lui; j'ai refusé, après la deuxieme invitation, nous avons echangés nos contacts qui etaient notre telephone portable. Il m'a dit qu'il vivait dans la cité de Bafoussam. Mes parents vivaient dans la meme ville. A ce moment, j'avais l'habitude de rendre visite á mes parents deux week ends par mois parceque j'etais etudiante a' l'universite' de Dschang au Cameroun.

CHAPITRE 2

Ma vie avec le démon au Cameroun

Après plusieurs rencontres avec le demon, il avait l'habitude de me rendre visite quelques week ends á L' universite' où j'habitais au Campus Universitaire.

Il ya plusieurs theories qui expliquent la racine des relations entre les gens. Une de ces theories est la theorie des besoins interpersonnels. William Shutz, expliquant cette theorie dit que les relations sont construites et maintenues sur la base de comment chaque personne rempli le besoin interpersonnel de son partenaire: le besoin d' affection (le desir d' exprimer et de recevoir l' amour), le besoin de compagnie (le besoin d' être en compagnie d' une autre personne), le besoin de control (le desir d' influencer les evénements et les gens qui sont autour de nous).

Un autre theorie est la theorie d'échange introduite par J.W. Thibaut et H.H Kelly, qui proposes que les relations peuvent etre comprises en terme d echange de coût et de benefice qui prennent place pendant les interactions individuelles.

Les benefices sont les revenus qu'une personne n'a pas besoin de prendre en consideration. Parceque je suis quelqu'un de très patient, qui pense que les gens peuvent prendre le temps de bien se connaître et peuvent alors essaye' de remplir le besoin interpersonnel de leur partenaire quand ils se connaissent bien, je ne suis pas trop exigeante au debut de mes relations. Dans mon cas, avec le démon, quand je l'ai rencontré, je lui aid it que j'etais etudiante a' l'universite' de Dschang et que je travaillais sur ma thèse de master. Je lui ai aussi dit que je suis allee' etudier en Belgique et que je suis rentree' au Cameroun parceque j etais malade.

Pendant la premiere anneé de notre relation, je vivais au campus universitaire; le démon venait me rendre visite deux week end par mois. A ce moment, je n'avais pas besoin de lui aupres de moi très souvant parceque je travaillais sur ma thèse de master. Ce qui me fachait le plus souvent c'est qu'il ne m'apportait même pas un cadeau.

En 2002, j'ai gagné la lotterie de l' immigration americaine, mon pays de rêve. Le demon et moi avons eu notre fille Ange. Ma fille Ange et moi avons eu le visa immigrant pour les Etats Unis. Le démon n'a pas eu de visa car nous n'etions pa mariés. A partir du moment ou' j'ai eu le visa immigrant, le démon venait le plus souvent visiter mes parents pour parler de marriage; parceque j'avais ma fille et ma seconde grosesse, même si je savais que le démon n'etait pas une bonne personne,j'ai dit oui au marriage parceque j'avais besoin d'un ami et d' un partenaire aux Etats Unis car j'etais tès loin de ma famille et aussi je ne voulais pas avorter ma grosesse a' cause de ma croyance religieuse.

Après le marriage avec le démon, la reception de marriage etait dans la maison de mes parents. Le démon n'avait presque rien planifié pour le marriage. Il est allé en cachette a' la mairie pour la publication des bancs parcequ'il savait qu'il est une mauvaise personne et que les gens qui le connaissaient allaient me le dire.

Je me rappelle aussi que le démon aimait me rendre visite la nuit, et non pendant la journée parcequ'il ne voulait pas que les gens qui le connaissaient disent á ma famille qui il est. Je me rapelle aussi que pendant la céremonie de la remise de diplôme de master a' l'universite', le démon ne m'a même pas encouragé dans mes études. La nuit de la veille de la céremonie, il n'est même pas venu dans la ville universitaire, Dschang ou' la ceremonie devait avoir lieu pour m'encourager dans mes efforts et aussi m'aider á organiser la ceremonie. Ma soeur Liliane etait celle qui m'a aide' a' organise' la ceremonie. Elle m'a aidé á tout faire. Le démon est venu quand la céremonie de remise de diplôme etait termineé. Il s'est presenté á Dschang seulement pendant la céremonie de fête. Quand je me suis plaint, il n'a même pas voulu m' ecouter. Je me rappelle aussi que ma grand-mère m' a demandé pourquoi mon partenaire n' etait pas lá. Un de mes enseignants avec lequel j'ai travaillé sur mon master m'a aussi demandé "où est ton partenaire?" Mon manque d'experience et de maturité ne m'ont pas fait voir que j'avais a' faire au démon.

CHAPITRE 3

Les scènes de l airoport

J'aimerais parler de ce point pour que beaucoup de choses dont je vais parler á propos dans les prochaines lignes soient clarifieés et facile á comprendre. Un an après avoir rencontré le démon, je suis tombeé enceinte de ma fille, Ange. Après celá le démon est venu se presenter á mes parents quand j'etais á cinq mois de grosesse. Après s' être presenté, il n'avait jamais parlé de finçailles ou de marriage á mes parents. J'etais toujours etudiante á l'université. Clara une amie qui etait á l' université avec moi m' a eté presenteé par ma soeur Liliane: en effet, Clara etait l'amie d' une amie de ma soeur Liliane.

Clara venait de l'Université de Buea au Cameroun, Université où l' anglais est la langue principale. En fait au Cameroun, mon pays d'origine et natif, l'anglais et le Francais sont les deux principales langues. Le Cameroun est un pays bilingue.

J' ai habité pendant quelques mois au Campus dans ma chambre d' etudiante avec Clara car j' avais accepté l' aider a' traduire se cours de francais en Englais. Après quelques mois de sejour avec Clara, je lui ai dit que je cherchais les bourses parceque je voulais aller dans un pays qui offre beaucoup d' opportunités academiques pour poursuivre mes etudes de doctorat.

Un jour, Clara m'a dit qu' elle connaissait une lotterie que les gens jouaient pour aller aux Etats-Unis d' Amerique. J'ai donc joué a' la lotterie. Quelques mois après, j'ai recu une lettre venant des Etats-Unis avec le logo Congratulation. J'ai su que j'avais gagné á la lotterie. J'ai quelques jours après informé le démon qui etait mon petit ami que j'avais gagné a' la lotterie d'immigration Americaine.

Apres que j'ai gagné á la lotterie, le démon venait frequemment rende visite a' mes parents. et parler de marriage. En Avril 2002 ma fille Ange et moi avons eu le visa d' immigration aux Etats Unis. Le démon n' a pas eu le visa parceque nous n'etions pa mariés. Le démon et moi nous nous sommes mariés en Juin 2002. Le démon n'avait pas le visa immigrant parceque nous n'etions pas mariés au moment ou' je suis alleé a' l'embassade des Etats-Unis pour l'interview. Le démon après que j'ai gagné á la lotterie a dit á mes parents qu'il allait payer mon billet d'avion pour les Etats-Unis. Après que j'ai eu le visa, j'ai programmé mon voyage et j'ai appelé certains membres de ma famille pour leur dire que j'allais voyagé pour aller dans mon pays de rêve. Le démon a dit a' ma famille que nous devons allé á la cité de Douala, où j'etais supposé prendre l'avion le vendredi, 19 Juillet 2002. Avant ce jour, le démon et moi avons eu le contact par télephone, et il m'a rassuré que tout etait prêt pour le voyage. Je suis arrivee' á la cité de Douala le Jeudi. J'ai appelé le démon parceque j'avais besoin dun peu d'argent pour acheter mon sac de voyage. Le démon m'a envoyé voir un de ses amis où j'allais prendre l'argent pour acheter le sac de voyage. J'ai appelé le démon le matin du jour où je voyageais, il m'a rassuré qu'il avait acheté le billet d' avion. Il etait le seul á savoir que j'etais enceinte de mon fils Ryan. Le vendredi après midi, jour de mon voyage dans le pays de mes rêves, les membres de ma famille, parents et amis sont venus a' l'aiéroport pour me dire aurevoir. Je ne suis pas allée á l'aiéroport parceque je suspectais que le démon n'y serait pas lá etant donné que l' après midi du jour de voyage, quand je l' appelais il ne prenait plus le telephone. Les gens qui sont venus m'accompagner á l'aieroport ont attendus jusqu'á ce que l' avion decolles.

Cet evènement etait une honte pour mes parents, soeurs, amis, moi et membres de ma famille. J'ai tellement eu honte et j'etais aussi completement demoraliseeé que j' ai eu peur d' avoir une fausse couche. Cette honte m' a fait ne même pas aller á l'airoport. Le démon savait que j'etais á quatre mois de grosesse et je crois qu'en agissant de cette facon, il voulais en nuir á ma vie. Apres l'évenement mes parents, mes amis et membres de ma famille sont venus me remonter le moral. Mes oncles et certains membres de ma famille m'ont demandé d' appeler l' embassade et leur demander de ne pas lui donner le visa pour venir aux Etats Unis. Malheureusement c' etait trop tard pour moi parceque j' etais dejá piegé par l' acte de marriage. L' autre raison etait que j' etais la seule á savoir que j'etais enceinte de 4 mois.

Dimanche le 21 Juillet 2002, ma soeur Liliane m' a emprunté de l' argent pour acheter mon billet d' avion pour aller dans le pays de mes rêves. Mon moral et mon etat d'exprit etais très bas. Ma famille a decidé avant que je ne voyage que je n'allais pas laisser le demon venir aux Etats Unis et que je n'allais plus jamais l'appeler; mais je l'ai appelé deux semaines après mon arrivée aux etats Unis. Je l'ai appelé parce qu'il etait le père de ma fille et aussi parceque j' etais enceinte de mon second enfant. Le démon etait le seule á savoir que j' etais enceinte quand j'ai quitte' le Cameroun. Même ma mère et mon père ne savaient pas. Parceque mon rêve etait d' avoir des enfants qui seront eléves par leur deux parents, pour qu'ils puissent avoir toute l'attention et l' affection don't ils ont besoin pour grandir, j' ai decidé que j' allais pardonne' le démon pour tous ses evènements. Je lui ai envoye' une lettre d' invitation pour qu'il viennes aux Etats Unis avec le statut de visiteur. L'autre raison qui m'a fait le laisser venir aux Etas Unis etais que ma fille etait encore au Cameroun et son visa immigrant allait expirer.

Ma famille etait fachée de ma decision d' amener le démon aux Etat Unis, mais je voulais être aux Etats Unis avec ma fille et j' etais dejá piege' par le certificat de marriage. Une autre point á noter est que ma decision d' amener le démon aux Etats Unis ou pas etait une importante decision de vie, parceque pour que je puisse complètement finir ma relation avec le père de mes enfants, je devais reflechir mûrement. Je pensais et rêvais á une vie de famille et je pensais avoir des enfants qui seront elevés par leurs deux parents. En amenant le demon aux Etats Unis, je voulais avoir un partenaire et ca me faisait peur d'être seule dans un pays où je je n'ai pas de membres de famille. Cetait aussi une occasion pour moi de bien connaitre le démon parceque c'etait la premiere fois que lui et moi vivions ensemble dans la meme maison. Je me rapelle que l'un des oncles de ma mère á qui j'ai presenté le démon quand j'etais au Cameroun m'avait dit trios fois" j'espère q'apres avoir travaillé dur pendant toutes ses annees pour avoir cette opportunité le démon ne va pa te tuer avant de prendre le produit de ton dur labeur." J' ai aussi appris plus tard que le demon disait aux amis q'il m'a piegé avec le certificat de marriage et la seconde grosesse et qu'il voulait seulement m' utiliser pour arriver aux Etats Unis et avoir sa green card.

CHAPITRE 4

Les Mensonges du démon

Quand j'ai rencontre' le démon en 2001, il m'a dit qu'il avait un Doctorat en architecture et qu'il avait etudié au Canada. Ce qui m'a vraiment attiré de devenir sa petite amie etait qu'il etait un docteur en architecture, En ce qui me concerne, j'aime avoir des relations d'amitié avec les gens qui sont eduqués. Ma raison pour ce choix est que les gens eduqués ont l'esprit ouvert, sont comprehensifs, tolerants et sociables grace a' leur background et leur diversité culturelle. Plus tard, les amis m'ont dit que le demon n'etait pas un architect et qu'il avait eté suspendu de l'ordre des architects au Cameroun a' cause de ses mensonges. En plus, la plupart de ses travaux d'architect au Cameroun etaient mal effectués.

Un autre mensonges du démon est que quand je l'ai appelé a' la vieille de mon voyage, il m' a rassuré qu'il etait dans la ville de Douala au Cameroun. Plus tard, il a dit a' mes parents qu'il etait dans la ville appelée Eseka avec l'un de ses meilleurs amis; et aussi qu'il etait bloqué dans le traffic a' cause d'un arbre qui etait tombé sur la route. Quelques jours plus tard, des amis ont dit a' ma tante qu'ils ont vu le démon dans un night club dans la ville de bafoussam au Cameroun le soir du jour ou' j' etais supposée voyage.

Le troisième mensonge du démon etait pendant la bataille de la garde des enfants dans un tribunal aux Etats Unis. Ce jour, le démon au debut du process a menti au juge qu'il ne travaillait pas parcequ'il n'avait pas ses papiers. Plus tard, a' la fin du process, il a dit au juge qu'il n'allait plus a' la CASA of Maryland (centre de travail pour les nouveaux immigrants) parce qu'il avait maintenant que les travaux sur contrat et q'il embauchait les gens pour travailler pour lui. Il a dit tous ses mensonges parcequ'il ne voulait pas payer l'argent d'entretien des enfants.

Le quatrieme mensonge etait qu'il disait aux gens que c'est lui qui a joué a' ma loterie. Ma question est pourquoi n a t'il pas joué á sa propre loterie?

Le cinquieme mensonge du demon etait pendant le process du support financier des enfants. Le demon a dit au juge qu'il n'avait pas de maison et qu'il dormait sur un canapé qu'il louait dans un apartement. En fait, trois semaines après que je me sois echappée, la petite amie du demon vivait deja' dans l apartement que j'avais cherché quand je suis arrivée aux Etats Unis.

Le dernier mensonge du demon etait au tribunal quand il a dit a' son avocat que j'avais coupé le pied de mon fils. La verité est que parcequ'il avait su que j'ai pu m'echapper avec les enfants, il etait traumatisé parcequ'il savait que je n'allais pas lui donner la green card. Il a aussi monté un coup contre moi avec le pediatre de mes enfants et le premier avocat que j'avais embauchée pour le divorce parcequ'il cherchait un moyen pour m'envoyer en prison.

CHAPITRE 5

Mon arrivée aux Etats Unis

Après que le démon ne soit pas venus a' l' airoport le jour que j' etais supposé voyager pour le Etats Unis, ma soeur Liliane m' a emprunté l' argent pour acheter mon billet d' avion pour aller a' Paris où ma tante Claire resides. Mes tantes et mon oncle m'ont accueilli á l'airoport. J'ai passé quelque temps avec elles avant d'aller dans mon pays de rêve, les Etats Unis d' Amerique. Pendant mon sejour á Paris, puisque je n' avais personne qui va m' accueillir aux Etats Unis, j'ai appelé ma cousine Caroline qui a accepté m' heberger pendant quelque temps. J'ai passée trois semaines á Paris, mes tantes ont acheté mon billet d' avion pour les Etats Unis et elles m' ont aussi donné un peu d' argent de poche.

Je suis arrivée aux Etats Unis le 8 Aout 2002. J'ai habite' avec ma cousine Caroline pendant deux mois. Le père de mes enfants est arrivé en Octobre 2002; nous avons sejourné pendant deux semaines chez ma cousine. Avant que le père de mes enfants n'arrives, je cherhais les apartements pour connaitre les modalities qu'il fallait remplir pour en avoir un.

J' ai pu avoir un boulot de nettoyage a' la CASA de Maryland (centre d' employ pour les nouveaux immigrants des etats Unis. J'ai aussi collecté les informations pour que le démon, les enfants et moi puissions bien nous integrer aux Etats Unis. Je suis allée au service sociale ou' j'ai appliqué pour le TCA et le food stamp j'ai aussi essayé d'obtenir un boulot. J ai pu avoir les addresses et applications pour les apartements.

En ce qui concerne le processus de mon integration aux Etats Unis, j'ai pris les cours d' ESOL (L'englais comme seconde langue) dans une ecole publique dans l' etat de Maryland. Après quelques semaines de classe, je me suis rendu compte que mon niveau etait un peu plus elevé. Je suis donc allée á Montgomery College prendre le Loep exam text d'anglais. Après avoir pris l'examen, j'ai eté placé dans les classes RD 101 et EL 102. J'ai aussi pris parallelement les classes de nursing assistant a' Americare School of Allied Health parceque j'avais besoin d' un travail dans le domaine de la santé. J'ai pu payé mon ecole d' infirmière assistante avec l'argent que je gagnais en travaillant dans un restaurant commer boseur. J'ai aussi payé mes cours de conduite avec l'argent que je gagnais au restaurant.

CHAPITRE 6

Ma vie avec le démon aux Etats Unis

Le père de mes enfants est venu aux Etats Unis en Octobre 2002 avec ma fille Ange. Nous avons habité chez ma cousine pendant trois semaines. Après ses trois semaines, nous avons pu avoir une chambre comme coloueur. Je suis allée avec le démon dans un centre où on employes les sans papiers á Silver Spring, Maryland. Il a pu avoir un travail journalier; et a commencé á se faire un peu d' argent. Nous avons habité dans une chambre que nous louons comme roommate pendant deux mois. Après ses deux mois nous avons pu louer un apartement d'une chambre où je vivais avec le démon et ma fille. En decembre 2002, mon fils Ryan est venu au monde dans un hospital au Maryland.

J'avais l'habitude de payer la moitie' du loyer parceque je travaillais comme bosseur dans un restaurant á Silver Spring, Maryland. Le démon a pris l' abonnement de télévision á mon nom; par consequent, j' etais responsable de payer la facture. Je m' occupais aussi de la nutrition.

J' ai commencé mes classes d' anglais á Montgomery College en Janvier 2003, un mois après la naissance de mon fils. J' etais celle qui deposaient les enfants au day care.

En ce qui concerne le desir d'inclusion qui est le desir d'etre en compagnie d'autres personnes, le demon n'a vraiment pas d' amitié solide, il a des amis occasionels. Pendant ma relation avec lui, pendant ce temps jusqu' á maintenant, je n'ai jamais ete presenté aux membres de sa famille. Nous avons rendu visite á l'un de ses amis quand nous sommes arrivés aux Etats Unis, et cette amitié aujourd'hui n'existe plus parcequ'il aime trop mentir aux gens. Pour être specifique, quand il est ami avec avec quelqu'un, il va chercher á avoir quelque chose de la personne. Quand cette personne se rend compte de quel genre de personne il est, il va arrêter la relation en malparlant de la personne aux gens qui le connaissent. En ce qui me concerne, j'aime bien inviter les amis et faire la cuisine pour eux á des occasions speciales comme les anniversaries, la fête de Noel, et la thankgiving. Pendant la thankgiving de 2005, j'ai invité ma cousine, celle qui m'a donné une place où dormir quand je suis arrivée aux Etats Unis avec certains de ses amis dans notre apartement. En effet, ma cousine a aussi hebergé le démon quand il est venu aux Etats Unis. Pour etre specifique, quand le demon est venu aux USA, il a habité á la maison de ma cousine pendant deux semaines avant que nous ne demenageons. Apres la céremonie de Thankgiving' je lui aidit que j'avais depensé cent dollars pour la céremonie. Il etait tres faché et m'a demandé pourquoi j'ai depensé autant d'argent pour ma cousine. J'etait choquée par sa reaction parceque quand je suis arrivée aux USA, j'ai habité pendant deux mois avec ma cousine; je ne payais ni le loyer ni la nourriture. Ma cousine a aidé le démon de la même facon qu' elle m' a aidé. En invitant ma cousine, c' était ma facon de lui dire merci pour tout ce qu' elle avait fait pour nous.

Parlant du coût d'investissment du temps et de l'argent, je n'ai vraiment jamais eu aucun de tout cela pendant ma vie avec le demon. Il est allé au cinema une fois avec moi et á ce moment' il avait un ticket gratuit. Pendant mon anniverssaire, il ne se rappelle meme pas á me souhaiter bon anniverssaire. Le demon n'aimait pas aller au centre commercial avec moi parcequ'il avait peur que je peux lui demander de m acheter les choses au mall.

Un an avant que je m'enfuis du demon, je lui ai acheté un cadeau pour son anniversaire; mais moi je n'ai jamais recu un cadeau de lui. Je l'invitais souvent au restaurant pour lui montrer les bonnes manieres mais il n'a jamias fait la même chose.

Au debut de ma relation avec le demon, Je pensais que mon besoin d'affection qui est le desire d'exprimer et de recevoir l' amour etait satisfait; mais ceci n' etait qu'une illusion. Parceque j'exprime le plus souvent mon affection et mon attachement au gens, je remarque que je suis confrontée au probleme d'abus par ses gens que j'aime beaucoup, specialement les amis et les hommes avec lesquels j' ai une relation affective le point á noter est que j' ai remarqué que dans ce monde, il ya très peu de gens qui savent apprecier l'attention et l' affection que quelqu'un leur apporte. Beaucoup de gens pensent que quand on est gentil avec eux cela veut dire qu'ils sont plus importants que toi et tu ne fais que forcer la relation avec eux. Je pense que ceci etait ce que et est ce que le démon a pensé. Il pensait aussi que je ne peux pas vivre sans lui.

En ce qui concerne l'affection verbale, je vais dire que je n'ai jamais vraiment recu une sincère. En ce qui concerne l' affection non verbale, j'ai ete abusé plusieurs fois physiquement par le demon.

Parlant du desir de control, quand je vivais avec le demon, il m'a affiche' un comportement qui demontrait qu'il etait une personne qui voulait toujours prendre le dessus sur les gens. J' etais souvent frustré par son comportement de dictateur. Le demon n' aimes pas ecouté les gens. Par example un jour, nous etions entrain de visionner la television avec certains de ses amis et un rockeur francais appelé Johnny Hallyday a eté presenté á la telé. Le demon a dit que le roockeur francais avait 72 ans; mais moi je lui ai i qu' il n' avait que 60 ans. Je lui ai expliqué que je ne pouvais pas oublié l'âge de Johnny parcequ'il etait né la même année que mon pere. Il etait faché et a commencé á bavarder fort en me disant que je ne savais rien. J' etais très faché et je lui ai it que j' allais lui apporté le magazine qui avait l'âge de Johnny. Une autre chose á noter est que quand tu lui donnes des conseils il n'ecoutes pas; et il dit qu'il n'a besoin de conseils de personne.

J ai supplieé ma mère de venir m'aider quand j'ai accouché mon fils parceque je voulais reussir dans ce pays. En effet, j'allais en classe et je travaillais. Ma mère a accepté de venir aux USA par consequent, je pouvais travaillé et aller en classe sans souci que qui va deposer les enfants ou recuperer les enfants chez la gardeuse. Le demon travaillait aussi et par consequent, il etait capable d' acheter sa premiere voiture. Quand mon père est venu nous aider aux USA, le démon a acheté sa deuxieme voiture. J' etais celle qui faisait les courses pour la nourriture et les ramenait á la maison par bus. Quand j'ai acheté ma voiture, il etait jaloux et á demandé a' son mechanicien de ne pas arranger ma voiture pour l'inspection. Il a aussi appelé le towing company pour porter ma voiture qui etait garée dans le complexe où on habitait ensemble.

J' ai appliqueé pour que le demon ait sa green card en 2003. Le démon a' ce moment était tres irresponsable et ne voulait pas avoir un telephone parcequ'il savait que je pouvais l' appeler si les enfants sont malades où si j'ai besoin d' aide avec quoi que ce soit. Pendant la journée je n' etais pas en communication avec lui. Il m'appelait rarement pour savoir si j'ai besoin de quelque chose.

Dans cette relation, ma recompense est l' humiliation que je recois du demon. J' ai beaucoup honte de cette relation parceque comparé á l'environement où j'ai ete' eleve', et le genre d' education que j'ai recu de mes parents, ceci est un gros echec pour moi parceque quand ma mère etait ici, elle me demandait le plus souvent "Où as tu rencontré ce genre de personne?" Mon père m'a demandé la meme question. Pendant le sejour de ma mere avec nous, il manquait de respect pour elle et l' insultait souvent. Il a fait la même chose á mon pere. J' ai eté battu plusieurs fois par le démon pendant notre marriage. Une fois c' etait quand je lui ai dit que quand il aura se green card nous allons divorcé; une autre fois c'etait quand j' ai refusé d'avoir une relation sexuelle avec lui parce que j'avais l'impression qu'il m'utilisait seulement et que ce n' etait pas une relation d' amour. Dans cette relation avec le demon, je pense que je n'ai aucun benefice et que j'ai fait la plus grosse erreur de ma vie en etant avec lui.

J'ai toujours revé de vivre en paix avec quelqu'un dont nous allons nous entendre. Mais ce n'etait pas le cas avec le démon. Le démon est quelqu'un qui n'aimes pas les critiques. Il l'aime qu'on l' ecoute parcequ'il pretend savoir tout plus que tout le monde. Dans une conversation, il veut parler seul et ne donne pas la chance aux autres de s'exprimer. Le demon est quelqu'un qui ment beaucoup comme il m a menti qu'il etait un docteur en architecture. En effet, en vivant avec lui et en l'observant, j'ai remarqué qu'il n'a même pas le baccalaureat. En plus, le demon est tres desordonné, notre chambre etait tres desordonnée et il occupait tout le placard comme si je n' avais droit á rien dans cet apartement. Quand je n' étais pas á la maison, il allait foouiller á toutes mes choses parcequ'il voulait tout savoir de ce que je faisais. Dans cette relation, le conflit avait lieu au moins une fois par moi. Quand on etait calme á la maison, le démon allait trouver des pretextes pour attaquer mon père et moi. Je pense qu'il n'ya rien que je peux faire pour sauver cette relation parcequ' elle m'affectes morallement pschycologiquement et physiquement d'une facon negative.

CHAPITRE 7

Ma mère visites les
Etats Unis d' Amerique

Mon fils Ryan est né en 2002. Parceque j'etais une nouvelle immigrante des Etats Unis, pays donc je suis tombée amoureuse, parcequ'ici il ya beaucoup d'opportunité pour les gens qui ont la volonté de travailler dur, j'ai decidé que je vais vivre ici avec mes deux enfants. J'ai envoyé une lettre d' invitation á ma mère pour qu'elle viennes aux Etats Unis. Ma mère est arrivée en 2003: á ce moment, j' allais á l'ecole á temps complet et je tressais aussi au salon de coiffure. Ma mère aidait le démon et moi á prendre soin de nos enfants. Pendant le sejour de ma mère, la relation entre le démon et moi etait pleine de conflits et de tension parcequ'il ny' avait pas d'entente entre lui et moi; il etait aussi financièrement trop controllant. Il n'avait aucun respect ou appreciation pour le travail delicat et difficile que ma mère nous offrait en nous aidant á elever nos enfants. Je travaillais très dur pour subvenir á nos besoins parceque le demon n'avait pas les papiers. Ma mère faisait la cuisine pour nous. Elle prenait aussi soin des enfants de la vaisselle et de tout l'apartement. Je me rappelle aussi que le démon a acheté une video qu'il a caché dans la salle á manger parcequ'il voulait écouter toutes les conversations entre ma mère et moi.

La question que je me pose est pourquoi avait t'il peur de ma mère et aussi s'il n' avait pas des plans diaboliques contre ma mère et moi. Je croyais que le marriage serait une relation d' amour de bonheur et de comprehension entre deux personnes. Je crois que le plan du démon de nuir et d' atteindre á ma vie etait en effet depuis longtemps. Ma mère a habité avec moi pendant cinq mois. Quand ma mère est rentrée j' etais celle qui a payé son billet d' avion. Le démon ne lui a même pas acheté un cadeau pour la remercier pour le travail gratuit et difficile qu'elle a accompli pendant son sejour aux Etats Unis. Je me rapelle aussi que quand ma mère rentrait au Cameroun, le démon n' est même pas allé l'accompagner á l'airoport.

CHAPITRE 8

Ma mère rentres au Cameroun

Après le retour de ma mère au Cameroun, elle a parlé á mon père de la vie misérable que je vivais avec le demon. J'avais aussi l'habitude d'appeler mes parents et de leur dire que je n'etais pas heureuse dans ce marriage. Mon père, ma mère et moi avons commenceé a' reflechir pour voir ce que nous pouvions faire. J'etais très malade dans mon corps et dans mon âme parceque je travaillais allais á l'ecole et elevais mes enfants. En 2004, j'ai appelé ma mère parceque j'avais besoin d'un peu d'aide. Je voulais qu'elle viennes encore aux Etats Unis.

CHAPITRE 9

Ma tante visites les Etats Unis

Ma tante Henriette est venue aux Etats Unis pour me rendre visite en 2003, après son sejour avec moi, elle a utilisé son experience d'adulte pour noter que j'étais dans un marriage très destructive et que j' avais dejá eté piegé par le démon. Ma tante a habité avec moi pendant un mois; avant qu'elle ne quittes les Etats Unis, elle m'a recommandé a' un de ses amis appelé Roger Wandji et lui a demandé de veiller sur moi et de m'aider quand j'aurais besoin de lui. Tonton Roger Wandji avait l'habitude de nous rendre visite quand je vivais avec le démon. Tonton Roger Wandji m' a beaucoup aidé pendant la bataille de la garde des enfants avec le démon. En effet, il etait le seul temoin que j avais. La plus part de mes amis n'etaient plus lá parceque j'etais une mère seule et divorcée. Ses amis croyaient donc que je pouvais être en difficulté financière et faire appel á eux. Tous mes amis n' etaient plus lá tonton Roger etait le seul qui m' a aidé á recuperrer mes enfants au day care center quand ma voiture etait en panne.

CHAPITRE 10

Mon père visites les Etat Unis

Aprés plusieurs conferences avec ma mère, nous sommes arrivés á la conclusion que mon père devrait venir aux Etats Unis. J' ai appelé mon pére et lui ai parlé de celá, il a accepté de venir. J' ai envoyé une lettre d' invitation á mon père pour qu' il viennes aux Etats Unis. Il est alle' á l' embassade et a eu un visa visiteur. J' ai achete' un billet d' avion á mon père pour qu'il viennes aux Etats Unis. Le jour de l' arrivée de mon père aux Etats Unis, le démon n' est même pas alle' accueillir mon père á l' airoport. Je suis allée toute seule prendre mon père á l'airoport et je l'ai amené á la maison.

Apres l'arrivée de mon père aux Etats Unis, il nous a aidé á prendre soin des enfants car il les deposait á la garderie et les recuperait le soir. Je me rappelle que le démon se moquait de mon travail et de mes etudes en disant á mon pere que je travaillais comme un bosseur au restaurantet aussi que je ne prenais que les cours d'anglais á Montgomery College, et celá n' allait m'amener nul part. Pendant le sejour de mon père, le démon se moquait de mon père en lui disant qu'il sait qu'il est venu aux Etats Unis pour une mission. Mon père qui a l'hyper tension avait l' habitude de beaucoup souffrir pendant son sejour avec nous parceque le démon aimait créer des conflits ce qui faisait monter la tension de mon père.

Durant le sejour de mon père aux Etats Unis, j'ai donc eté capable de terminer les cours de conduite et d' infirmiere assistante que j'avais commencé pendant le sejour de ma mère aux Etats Unis. En étudiant a' Montgomery College, j'ai eté aussi capable de prendre les cours d' infirmière assistante que j' ai payé avec l'argent que j'avais travaillé au restaurant. J'ai donc eu ma license comme une CNA/GNA (Infirmière assistante et geriatrique)

Pendant le séjour de mon père avec nous, j'ai pu avoir un travail comme infirmiere assiatante et j'ai aussi pu acheter ma premiere voiture. Mon père a approuvé ma decision que je devais quitter le démon. Le démon avait beaucoup peur quand mon père est arrivé aux Etats Unis car il savait que mon père allait m'aider á prendre une decision. Je me rappelle aussi que le démon est allé chez la gardeuse des enfants pour lui dire qu'elle ne doit plus prendre soin des enfants. Apres celá les enfants restaient á la maison avec mon pere. La télevision que j'avais achetée, le démon l'a vendue et nous étions á la maison sans télevision. Mon père est resté á la maison pendant deux mois avec les enfants qui avaient l'habitude d' aller á la garderie. Je me rappelle aussi que toutes les fournitures qui m' appartenaient dans l'apartement ont eté mises dehors par le demon. Pendant la periode de tension, j'ai commencé á chercher les apartements que je pouvais louer dans le Montgomery County, MD. Apres six mois de recherche intensive et de manque de sommeil, j'ai pu trouver un apartement á un prix abordable. J'ai fait tout cela á l'insu du démon. Je me rappelle aussi que pendant les six mois mes habits mes chaussures etaient enlevés du placard par le démon et deposer au sol dans la chambre. Le démon par cet acte voulait me dire que je devais partir. Je me rappelle aussi qu'un jour le démon a versé la nourriture de mon père de la table au sol pendant qu'il mangeait et nous a dit que ceci n'etait qu'un avertissement. Ce jour, j'ai appelé la police.

CHAPITRE 11

Mon echappeé du demon

En 2003, mon père et moi avons commencé á planifier comment echapper du démon avec les enfants. J'ai parlé á une de mes amies de la misère et de la situation abusive que mon père, mes enfants et moi vivions pendant que j'etais avec le démon. Elle m'a conseillé d'avoir un avocat. Elle m'a donné le numero de télephone de son avocat et je l'ai appelé et ai pris un rendez vous. J' ai vu l'avocat et lui ai parlé de l'abus verbal et physique dans laquelle mon père mes enfants et moi nous vivions. L'avocat m'a dit que je dois payer $1000 pour ma procedure de divorce. Il m' a demande' de lui donner une avance de $300. Je lui ai donné un total de $800. J'ai demandé le recu á l'avocat et malheureusement je n'ai jamais pu obtenir un. Je me rappelle que l'avocat voulait l' argent cash. Je decouvert plus tard que l'avocat avait pris mon argent et n'avais jamais appliqué pour la procedure de divorce au tribunal.

Un dimanche après mon echappée du démon, de retour á la maison après le travail, je me suis arretée a' un supermarché á Silver Spring pour faire mes courses. J'ai vu le demon venir vers moi. Il m'a agresse' dans le parking d'un supermarché ; il a arraché de force mon sac, m'a frappé violemment avec ses mains et ses pieds a arraché mon téléphone portable quand je voulais appeleiz la police. Les gens qui suivaient la scène ont appelé la police. Quand la police est arrivée sur les lieux, le demon s'etait enfui. La police a pu l'attraper et l'a amené á l'endroit ou' il m'avait agressé. La police m' a demande' ce qui s'est passe', je leur ai decrit la scène et ils m' ont demande' qu'il fallait que j' applique pour un ordre de protection au tribunal. Je suis allée au tribunal le prochain jour. Le clerck du tribunal m'a demande' si j'avais un autre dossier au tribunal. Je lui ai dit que j'avais mon dossier de divorce. Elle est allee' dans le système et elle a trouvé que je n'avais aucun dossier de divorce. J'ai pu avoir un ordre de protection temporaire. Deux semaines après, j'etais au tribunal avec le démon ou' j'ai eu un ordre de protection d'un an.

Apres cela', j'ai appele' mon avocat pour lui dire qu'il a pris mon argent et qu'il n'a pa' appliqué pour mon divorce. Je lui ai rappelé que le clerck du tribunal est allé dans le systeme et n'a rien trouvé á mon nom. J'ai reclamé á l'avocat de me remettre mon argent. Le même avocat essayait de me deconcentrer en fixant un rendez vous pour mon divorce á sa maison. L'avocat m'a aussi appelé une nuit aux environs de 23 heure 30 minutes pour me dire qu'il voulait que je vienne dans son cabinet parcequ'il avait un cadeau très important pour moi que je n'allais jamais oublié. J'ai suspecté que l'avocat avait monté un coup avec le père de mes enfants pour me nuire. En plus l'avocat a essayé plusieurs fois quand j'allais dans son cabinet á avoir des rapports sexuels ave moi. Après toutes ses scènes j' ai demandé á l'avocat que je voulais mon argent. Il m'a donne' mes 800 dollars en trois payments.

En Decembre 2004, après plusieurs mois de stress parceque je vivais dans une situation enorme d'abus physique moral et pshychologique et aussi parceque j' etais controllé financièrement, socialement et que j'etais affecté dans mon amour proper et ma confidence, j'ai eu la clef de mon apartement et me suis echappé du démon. En effet, pendant plusieurs mois, j' avais perdu le sommeil parceque j'avais peur pour ma vie, celle de mes enfants et celle de mon père. Je me rappelle aussi que j'avais trop peur de rentrer á la maison après le travail et de dormir dans le même lit que le démon. J'ai commencé á démenager mes choses petit á petit après que j'ai eu les clefs de l'apartement. Le vendredi, j'avais fini de démenager ; mon père, mes enfants et moi avons laissé l'apartement au démon. J'avais seulement pris mes habits, les fournitures de l'ecole et les vêtements de mon père ainsi que les vêtements de mes enfants sans oublier mes couvertures. Après mon echappée, mon père et moi sommes party au supermarché pour acheter mes fournitures de cuisine et les premieres necessités. Je me rappelle aussi que pendant la dernière parti du demenagement, qui etait pendant l'heure de pointe, je n' etais pas capable d' arriver a' l' apartement avant l'heure generalement á laquelle le démon revenait d'habitude á la maison. J'etais capable d' être labás qu'a' 5:00 pm. Heureusement pour mon père, les enfants et moi que le démon n' etait pas encore á la maison; ce qui nous a permis de demenager sans bagarre. Je me rappelle aussi que pendant que je vivais avec le demon, le niveau educatif de mes enfants etait tres bas comparativement aux enfants de leur âge. Le démon quand il etait avec les enfants pour eviter les responsabilites allait mettre la musique non educative aux enfants. Il n'apprenait pas aux enfants l'alphabet ou á compter et á reconnaitre les couleurs. Apres mon echappe', j'ai inscript ma fille et mon fils á la prematernel. J'ai aussi inscript ma fille á un programme d'education acceleree pour qu'elle puisse etre au même niveau que les enfants de son âge. Après mon echappeé, j'ai dormi comme je n'avais pas dormi depuis des mois et des mois. Je n'avais ni de lit ni de matelas mais j'ai bien dormi.

CHAPITRE 12

Je visite ma soeur Liliane á Londre

Après mon echappé du demon, mon pere parcequ'il avait sejourne' aux Etats Unis pendant plus d'un an devait aller au Cameroun pour voir ses autres enfants, ma mère et sa famille. Mon plan avec mon père etait que ma mère reviennes aux Etats Unis pour m' aider á prendre soin des enfants pour que je puisse aller a' l'ecole et au travail. J ai decidé avant que mon père ne rentres au Cameroun d'avoir quelques jours de vacances; Je suis aller rendre visite a' ma soeur Liliane a' Londre avec mes enfants. J'ai demande' a' ma soeur si elle pouvait m'aider á prendre soin des enfants car je devais rentrer aux Etats Unis pour prendre une classe d'ete' Ma soeur a accepte' de m'aider pendant deux mois. En Mai 2005, mon père est rentre' au Cameroun. Je suis allée á Londre avec mes enfants. J'etais a' Londre pendant trois semaines. Mon sejour a' Londre avec ma soeur a eté tres benéfique pour moi parceque j'ai parlé á ma soeur de tout ce don't j'ai endure' pendant ma vie avec le démon. J'ai aussi rendu visite a' quelques amis de ma soeur et j'ai visité la cité de Londre. Pendant mes trois semaines de sejour á Londres j'ai visite' la cité de Londre et certains monuments historiques. Malheureusement après mon retour aux Etats Unis mon plan avec mes parents de faire venir ma mère n' a pas marché car le visa lui a eté refusé á l' embassade; la raison etait que lors de son dernier sejour, elle a mis plus de temps qu'il ne fallait. En effet la raison etait qu'elle a mis plus de cinq mois pour un visa de six mois qu'elle avait obtenu. J'ai aussi pu avoir des jour de vacances et de repos après trois ans. Je suis allée á Londres en fin aout pour prendre mes enfants parceque ma fille devait allé á l'ecole et ma soeur ne pouvait m'aider que pendant deux mois et aussi je devais commencer les classes dans le programme de surgical tech á Montgomery College.

Parceque j'etais capable d'echapper du demon et parcequ'il a su qu'il avait perdu sa chance d'avoir la green carte par moi, il a continuer á penser aux methods diaboliques par lesquelles il devait nuire á ma vie. Il est allé au tribunal remplir la plainte qu'il ne sait pas ou' sont les enfants. Je suis allée au tribunal et ai dit au juge que les enfants reviennent en août. Le demon ne payait aucune pension pour la garde des enfants. Je suis allee' a' Londre en fin août recuperer les enfants et les ai amené aux Etats Unis.

CHAPITRE 13

La bataille de la garde des enfants avec le démon

Je suis rentrée des vacances de Londre avec les enfants et etait toute seule aux Etats Unis avec une admission dans un programme de santé, mon loyer á payer, mes factures, et la gardeuse des enfants á payer et en plus á prendre soin des enfants. Je savais aussi au fond de moi que si je me laissait aller á la pareses et aux decouragement, le demon et sa bande allait declarer victoire. J'ai appelé l'une de mes amis qui m'a dit que sa mere pouvait garder mes enfants moyennant une somme d' argent que je devais lui payer. Je gardais mes enfants á sa mère qui n'habitait pas loin de mon ecole. Après trois semaines de garde de mes enfants, la mère de mon amie á trouve' un autre travail bien renumere' et j'etais encore une fois de plus confronte' au probleme de garde des enfants. Heureusement après quelques jours de renseignement, j'ai trouvé une grand-mère enface de l'apartement ou' je vivais qui a accepte' gardé mes enfants moyennant une somme d' argent.

J' ai porté plainte au tribunal parceque le dèmon ne payait pas la pension de $300 pour les enfants, Nous étions au tribunal pour cette plainte, le juge l'a envoyé en prison et il a dit qu' il sortirait seulement après avoir payé les aiérés de quelques mois. A cette époque, parceque le démon avait la visite des enfants deux week end par mois, il arrivait tard au restaurant où le juge avait decidé que l' échange des enfants aurait lieu. En effet, le démon devait prendre les enfants le vendredi et me les ramener le dimanche. Le démon d' après l'ordre du tribunal n'avait pas droit de passer où je vivais. Le démon pour pertuber mon programme de travail et d'ecole, arrivait très tard le vendredi et me ramenait les enfants tard le dimanche et quelque fois que le lundi matin. Je me rappelle ausi que j'ai été au tribunal pendant deux ans pour la bataille de la garde des enfants; et j'ai pu avoir la garde totale physique et legale des enfants. Je me rappelle aussi que le juge m'avait demandé si le démon n'etait pas dangereux pour les enfants? Parcequ'elle ne voulait pas que le démon ait le droit de visite des enfants. J'ai dit non au juge et le démon a eu le droit de visite des enfants deux week ends par mois.

CHAPITRE 14

Ma grand-mere visites les Etats Unis

Avant que mon père ne rentres au Cameroun, j'ai envoyé une letter d'invitation á ma mère et ma grand-mere pour qu'elles viennent aux Etats-Unis. Ma mère n'a pa eu le visa parceque la raison etait q'elle a mis plus de cinq mois aux Etats Unis pour un visa de six mois. C'est seulement ma grand-mère qui a eu le visa. Ma grand-mere est allée rendre visite á sa fille, ma tante á Paris. Après quatre mois de sejour á Paris, ma grand-mère est venue aux Etats-Unis où je l'attendais. Pendant le sejour de ma grand-mere, j'etais donc capable d'avoir une aide pour la garde des enfants parceque j'allais a' l'école et je travaillais.

Ma grand-mère m'a beaucoup aidé parceque j'avais un membre de ma famille avec laquelle je pouvais parler de tout et de rien. Je me rapelle que pendant un des week end que nous sommes allés laisser les enfants au démon, il a totalement ignoré ma grand-mère. Ma grand-mère a eté avec moi ici aux Etats-Unis pendant plus de quatre ans. Elle a été le temoin de toutes la torture et la misère que le démon m'a fait vivre et endurée pendant les visites de la garde des enfants. Pendant le sejour de ma grand-mère, j'ai pu avoir une vie sociale parceque j'etais le charge' des affaires culturelles de l' association Yogam, USA. Grace a'elle j'ai fini mes etudes á Montgomery College, où j'ai eu deux associates degree; j'ai aussi pu avoir la citoyenneteé Americaine.

CHAPITRE 15

Je rend visite a' mon amie Dr. Anne-Marie Moukala Cadet a' New York

En Novembre 2008, ma grand-mère, mes enfants et moi avons voyagé pour New York. J'ai conduit pendant plus de 8 heures pour y aller. Pendant mon voyage, je me suis egarrée plusieurs fois mais j'ai finalement pu arriver á destinationavec les enfants et ma grand-mère. Je me suis arrêtée en philadelphie avec ma grand-mere et mes enfants, ou' j'ai pu visiter la ville et manger au restaurant avec ma grand-mère et les enfanfs. Le jour du voyage, il avait beaucoup pluie, par consequent, il etait difficile pour moi de conduire. Les enfants la grand-mère et moi etions capable après tous ses problemes d'arriver á New York sain et sauf. J'ai rencontré ma meilleure amie que je n'avais pas vu depuis plus de 20 ans. J'ai sejourné chez mon amie pendant trois jours. En effet, j'ai passé la fête de Thank giving avec mon amie et sa famille. J'ai pendant mon sejour visiter l'ecole de ses enfants, l'hopital ou' elle travaillait et la ville dans laquelle elle vivait.

Apres trois jours de visite, j'ai voyagé pour rentrer á Maryland avec mes enfants et ma grand-mère. Le voyage etait tres benefique pour moi parceque mon amie et moi avions parlé de beaucoup de choses. Au Cameroun, Mon amie etait comme une soeur pour moi. Ce voyage m'a aussi permis de remonter mon moral car j'etais en compagnie de quelqu'une qui se soucie de moi et de mon avenir.

CHAPITRE 16

La lute du divorce avec le demon

En Juillet 2004, je suis allée au palais de justice de Rockville, où j'ai remplis ma petition de divorce. J'ai pu prendre un avocat qui a pris soin de toute ma procedure de divorce. Après plusieurs reunions avec l'avocat, j'ai pu avoir mon dossier de divorce ouvert. J'ai rencontré l'avocat dans son bureau á College Park, Maryland pour que nous parlons de mon cas. Après la premiere reunion, l'avocat m'a dit que le juge pouvait me donner le divorce. Parceque mon avocat etait un avocat probono et parceque j'avais les enfants avec le démon, j'ai eté au tribunal pendant plus de deux ans. Je me rappelle aussi qu'avant que ma grand-mère ne viennes aux Etats-Unis j'ai embauché deux gardeuses, une pour la semaine et une pour le weekend. J'allais á l'ecole et travaillais pour subvenir aux besoins des enfants et moi. Je me rappelle aussi que nous sommes allés a' plusieurs reunions parentales avant le divorce. Apres deux longues annees d'abus moral par le démon j'ai obtenu un divorce absolu. j' etais très benie d'avoir ma grand-mère Margueritte ici aux Etats Unis avec moi.

CHAPITRE 17

Les methodes du demon:
abus physique, abus verbal
et les different controls

Après mon echappé de l' enfer, un dimanche après midi, su mon chemin pour rentrer á la maison, je me suis arrêtée au supermarché pour acheter la nourriture pour ma famille. J'ai vu le demon venir dans un coin; j'ai cru qu'il venait me saluer. Une fois de plus, le m'a montré qu'il était le démon. Il est venu vers moi et m'a abusé physiquementet moralement. Il m'a battu et je ne pouvais plus bien respirer. I a pris mon sac et mon portable et j'ai lutté avec lui pour les recuperer. J'ai aussi appelé la ligne d'urgence 911. Quand le 911 est arrive' sur le lieu, il avait disparu. La police a pu l'attraper et l'amener sur le lieu d'agression. La police m'a demandé ce qui est arrivé. Je leur ai parlé de l'agression dont j'etais victime. La police m'a conseillé que je dois appliquer pour l'oedre de protection.

Pendant ma vie avec le demon, je vivais une vie tres misérable parcequ'il ne m'encourageait pas dans mon travail, mon education et tout ce que je voulais entreprendre. Il se moquait de mon master degree ou de tout ce dont je voulais realiser. Il se moquait de mes etudes que je poursuivait á Montgomery College en me disant que j'etudiais que les cours d'anglais. Quand je travaillais comme bosseur au restaurant, il se moquait de mon travail en disant á mon père que sa fille travaille comme bosseur. Mon moral était très bas quand je vivais avec le demon; ce qui affectait ma santé physique et morale. Heureusement que mon père était lá pour m'encourager et me supporter. J'ai aussi eté battu plusieurs fois par le démon. La premiere fois était quand je lui ai demandé pourquoi il a pris cent dollars dans mon compte. Il m'a battu á mort et s'est excuser après; ceci est la raison pour laquelle je n'ai pas appelé la police. La deuxième fois que j'ai eté battue par le démon était quand ma tante qui a payé mon billet d'avion pour que je vienne aux Etats-Unis est venue nous rendre visite. J'ai demandé au démon que nous devons acheter un cadeau á ma tante. Il m'a battu á cause de celá. La troisieme fois, une nuit aux environ de 11:00 Pm, après que je sois rentrée du travail, le demon qui aimait fouiller á mes choses s'était rendu compte que j'avais envoyé cent dollrs á mon amie dont le fils était malade. Il m'a battu une fois de plus á mort et ceci en presence des enfants.

J'ai toque' aux murs pour demander del'aide aux voisins; mais personne n'est venu en aide. Le démon pour m'empecher d'appeler la police a decroché le telephone fixe au mur a pris mon telephone portable. Le demon avait fermée la porte d'entrée et s'était tenu en face de la porte pour m'empecher de sortir. Ma fille et mon fils pleuraient et le démon n'a eu aucun remord. Il se moquait plutôt de moi; le plus je pleurais le plus il était content. En self defense parceque je me sentais comme si je mourrais, j'ai griffé le demon au visage; après l'avoir griffé plusieusr fois,il m'a laissé sortir de l'apartement. Je me rappelle aussi que je suis allée pied nu au telephone publique où j'ai appelé 911 (numero d'urgence). En effet apres que le démon m'ait battu, mes yeux etaient rouges avec plein de sang á l'interieur. J'avais mal aux mains et au visage. Quand la police d'urgence est arrivée, deux policier de sexe masculin, le démon était assis dans le fauteuil au salon avec notre fils entre ses mains; il jouait au victime. J'ai eté accusée par la police car le démon avait du sang sur son visage.

Le démon avait l'habitude de dire à mon père que nous allons faire ce qu'il veut qu'on fasse. Sa force était que mon père et moi n'avions pas que support familier dans ce pays. Je me rappelle que pour que Dieu m'ouvre la porte des Etats-Unis, quand je travaillais sur ma thèse de master degree, j'allais d'embassades en embassades pour chercher les bourses parceque je cherchais un financement pour mes études de PHD. C était très inconvenient pour moi que mes parents continuent á prendre soin de moi. Après plusieurs années de recherche, j'ai non seulement eu la chance d'avoir une bourse mais un visa immigrant pour être dans un pays si merveilleux comme les Etats-Unis. En efet, dans ce pays, la vie et le besoin des êtres humains sont valorisés. Malheureusement pour moi, le démon était sur ma route car il voulait gacher ma vie et me rendre néante, et aussi m'empêcher d'être heureuse et mettre fin a ma vie. Je me rappelle aussi que le démon a dit a l'un de nos amis commune qu'il m'a battu á mort et j'ai été celle qui a été accusé par la police. Je me rappelle aussi apres que j'ai été agressé dans le parking d'un magasin, j'ai eu l'ordre de protection contre le démon. Quelques mois après que j'ai eu la garde physique et morale des enfants, et le démon a eu la visite des enfants deux week end par mois. Lun des week end, le démon a pris les enfants lors de me les remettre le dimanche, il m'a remis seulement ma fille et m'a dit qu'il avait un rendez vous medical pour mon fils, J'ai appelé la police et il m'a ramené mon fils. Quand il est arrivé au restaurant ou nous echangeons les enfants, il tremblais en me remettant l'enfant. Après être rentré á la maison avec les enfants, j'ai deshabillé mon fils et me suis rendue compte que l'enfant avait un bandage au pied gauche. J'ai constaté que mon fils avait deux grosses plaies profondes au pied. Le lendemain j'ai appelé le service de protection de l'enfance et leur ai parlé de ce qui s'était passé. Il m'ont dit que je dois ammener l'enfant chez le medecin pour avoir un rapport medical. Je suis allée chez le docteur et lui ai dit ce qui s'est passé. L'enfant a aussi confirmé au medecin que son père a coupé son pied. Le docteur a ecrit dans le dossier medical. J'ai appelé le service de protection de l'enfance une semaine apres. Ils m'ont dit que le docteur ne les a pas appelé et ne leur avait pas envoyé le rapport medical. Je suis allée au bureau du medecin et un collègue du medecin m'a dit que le rapport medical n'était pas dans son bureau. Ma conclusion vu tout ce qui s'est passé est que le docteur et le démon ont monté le coup pour que le medecin m'envois en prison et qu' on m'arrache mes enfants. Le démon en prenant les enfants le vendredi avant qu'il ne coupe les pieds de mes enfants m'avait dit qu'il a rendez vous chez le medecin le lundi; donc il avait déjà' premeditté le coup. Après tous ses evènements, le docteur était tres embaressé quand j'allais dans son bureau pour les visites annuelle des enfants. Il m'a menacé en me disant que je n'avais pas ammené ma fille chez le medecin pendant trois ans et que cela pouvait faire que j'aille en prison. Après tout cela, j'ai décidé de changer de pediatre. Avant de changer de medecin, j'ai reclamé le rapport medical des enfants. Dans le rapport, la page où le docteur avait ecrit que le pied de l'enfant avait été coupé était toujours dans le rapport. Je me rappelle aussi que le démon se moquait souvent de moi en me disant que la lotterie m'a sauvé parceque même avec mon master, je devais vendre dans sa boutique. Avant mon echappée tous mes documents importants á savoir ma carte de residence, mon acte de naissance, mes diplômes et tous les papiers des enfants etaient volés par le démon. Je n'avais plus le contrôle sur aucun de ses documents. Je me rappelle que quand je suis allée une fois appliquer pour un travail, je n'ai pas retrouvé ma carte de residence. Trois jours plus tard, le démon avait remis la carte dans mon sac. Heuresement pour moi qu'un soir le démon apres être rentré du travail a oublié le carton dans lequel il gardait les documents sur la table dans la salle á manger. J'ai pu avoir acces au documents et j'ai recuperé tous mes documents. Je me rappelle aussi que le demon avait l'habitude de faire pleurer mon père qui a l'hypertension car il nous disait qu' il était trop vieux pour moi et que je devais trouver un homme de mon age. Le demon me diasis qu'il n'était pas contre le fait que nous divorcions mais que je devais partir avec les enfants et qu'il n'allait pas me payer le l'argent de support pour les enfants. Je me rappelle aussi que le demon était completement desinteresseé de ma personne. Deux mois apres mon echappé, il m'a envoyé un sac plein de vêtements et de chaussures qui n'étaient pas de ma taille. Le démon est une personne très controllante et a aussi des méthodes démoniaques. S'il se rend compte que je suis amie avec quelqu'un, il va regarder mon télephone pour voir le numero de la personne. Il va appeler la personne et va chercher á le rencontrer pour malparler de moi et me denigrer pour que je sois isoler et sombre dans la depression. IL a aussi appelé certains de mes amis et leur a dit qu'il allait leur donner $100.000 pour que ses personnes negocient pour que je lui donne la green carte Le démon est aussi quelqu'un de très controllant et egoiste. Quand je partais du Cameroun, il m'a dit que quand j'arrive ici je n'ouvre pas un compte que j'attende qu'il arrive pour que nous ouvrons un compte commun. Le démon est quelq'un qui n'a pas de foundation quand il entreprend ses choses. Je me rappelle que pour ma classe de photographie a' Montgomery College, l'enseignant a exigé une camera professionnelle. J'ai acheté une avec mon argent. Le démon était mecontent parceque la camera coutait chére.

CHAPITRE 18

La raison pour laquelle je suis toujours sur mes deux pieds aujourd'hui

Pendant ma vie aux Etat-Unis avec le démon, j'ai eu l'opportunité de l'observer pour voir qui il est. Je savais que parceque j'etais plus eduqué que le démon, il etait jaloux de moi. Le démon voulait aussi pertuber et aneantir ma vie et mon avenir en m'abusant moralement et physiquement. Le demon voulait que je devienne un sans domicile fixe aux Etats-Unis. Le démon avait l'habitude de dire aux amis que je n'ai pas de membre de ma famille aux Etats-Unis. Le démon voulait aussi voler mon rêve de devenir un citoyen americain. Il etait jaloux de mon plan d'aller á l'ecole medicale et d'avoir un PHD. Je suis debout sur mes deux pieds parceque je savais qu'en devenant citoyen americain, je pouvais appliquer pour amener les gens qui m'aiment inconditionnellement comme ma mere, mon père et mes sœurs aux Etats-Unis, pays de rêve et aussi. Je savais aussi qu'en devenant citoyen americain, je pouvais appliquer pour mes sœurs pour qu'elles viennent aux Etats-Unis et aillent dans les meilleurs ecoles du monde. J'ai decidé de faire des efforts pour ne pas me laisser aller a' la depression et au decouragement malgré tout les obstacles que j'ai rencontre' sur mon chemin. J'ai tenu debout parceque je ne voulais pas perdre mes enfants et je ne voulais pas que mes enfants soient eleves par le demon qui n'a aucun sens de responsabilté et qui agit comme un enfant de la rue.

CHAPITRE 19

Conclusion

En conclusion, mon livre a été ecris pour eduquer les femmes, la societeé, les couples homosexuels et heterosexuels. Mon livre decrit les signes d'alerte du démon et sa façon de faire.

Dans la recherche du bonheur et la vie de famille, parceque je crois que le marriage est la foundation de la societé, mon amour propre et mon moral ont été blessés par l'homme dont je croyais que j'allais elevés mes enfants avec. J'ai été victime de plusieurs abus par le demon. L'interêt du demon depuis le cameroun était d'avoir sa green carte et de m'abandonner avec les enfants. Sans le support de ma famille, á savoir ma mère, grand-mere et mon père je ne serais pas vivante aujourd'hui.

En resumé ceci sont les methodes du demon: control financier, physique, specialiste dans la creation des enemies entre moi et mes amis et ma famille pour son interêt personnel, grand menteur; n'est pas disposer á apprendre de personne, plein de jalousie, n'a pas de compassion, opportuniste quelqu'un qui fait tout pour detruire la reputation des gens, quelqu'un qui cherche constamment á blesser l'autre. Le demon va te blesser tellement que tu seras moralement et physiquement faible. Le demon ne supporte pas tes études.

Annie T. Djoum á sa graduation pendant la soutenance de sa thèse de
Maîtrise á L' université de Dschang Camroun

Annie T. Djoum après sa graduation avec sa fille Ange,
sa soeur Liliane et un ami

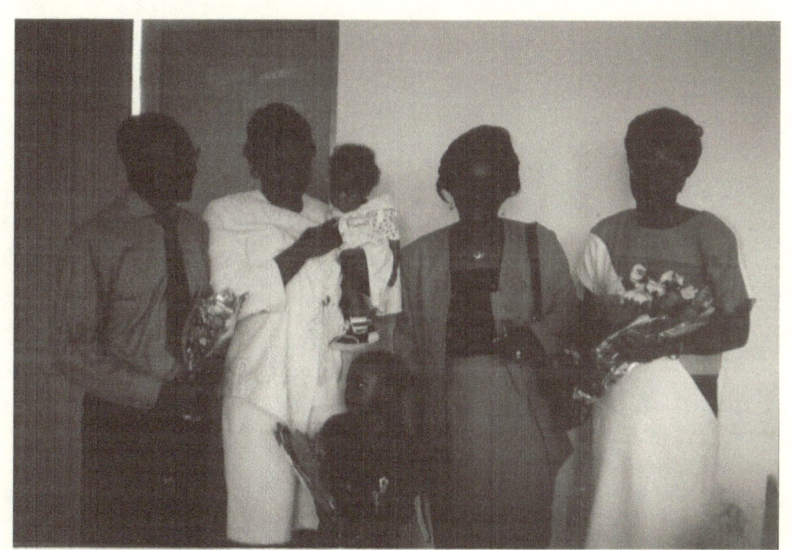

Annie T. Djoum á Dschang-cameroun lors sa Chemonie
de graduation avec son pére, sa mère et professeur Biapo

Annie T. Djoum á Universite de Dschang avec sa soeur
Liliane kom, et sa grand-mère

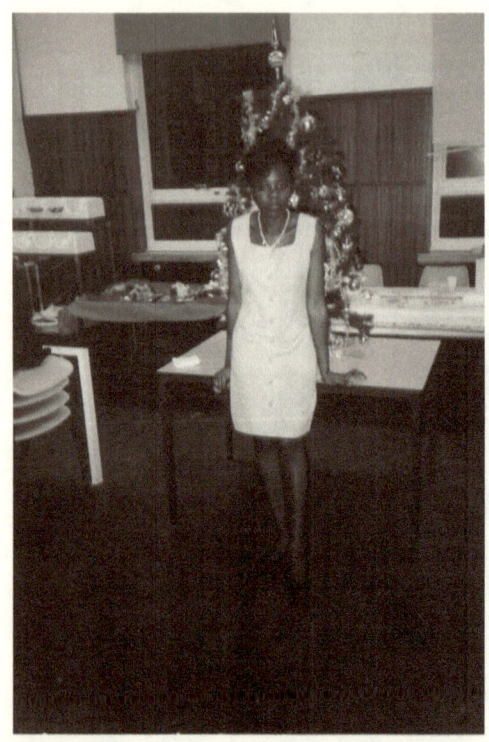

Annie T. Djoum en Belgique lors d'une fête d'etudiant

Annie T. Djoum en Belgique dans un Contre Commercial.

Annie T. Djoum pendant sa leçon de matation avec son fils Ryan.

Annie T. Djoum á Londres avec ses enfants Ange et Ryan

Annie T. Djoum lors d'un diner á l'universite de dshang avec les amis americains

Annie T. Djoum avec sa grand-mére et son ami Roger Wandji

Annie T. Djoum pendant sa classe de Cheval.

Ange, la fille d' Annie T. Djoum

Annie T. Djoum pendant sa classe d'equitation

Les enfants d'Annie T. Djoum Ange et Ryan.

Annie T. Djoum avec ses enfants Ange et Ryan lors de sa
céremonie de fin d' etudes á Montgomery College.

L' anniversaire du fil d'Annie T. Djoum Ryan avec sa son Ange.

Le Père d'Annie T. Djoum pendant sa visite aux etats-unis

Annie T. Djoum avec son fils Ryan, sa grand-mére
Marguerite pendant la ceremonia de danse d'Ange

Annie T. Djoum rend visite á son Amie Dr. Anne-Marie Moukala Cadet

Annie T. Djoum á Londre avec sa fille Ange, fils Ryan et sa niece Dodo.

Annie T. Djoum pendant sa Céremonie de graduation avec
sa grand-mère et ses enfants

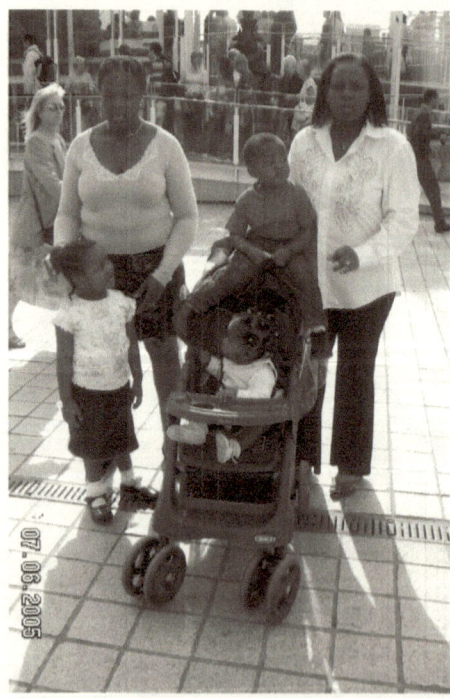

Annie T. Djoum á Londre lors de sa visite á sa soeur Liliane
avec ses enfants et sa mièce Leandra

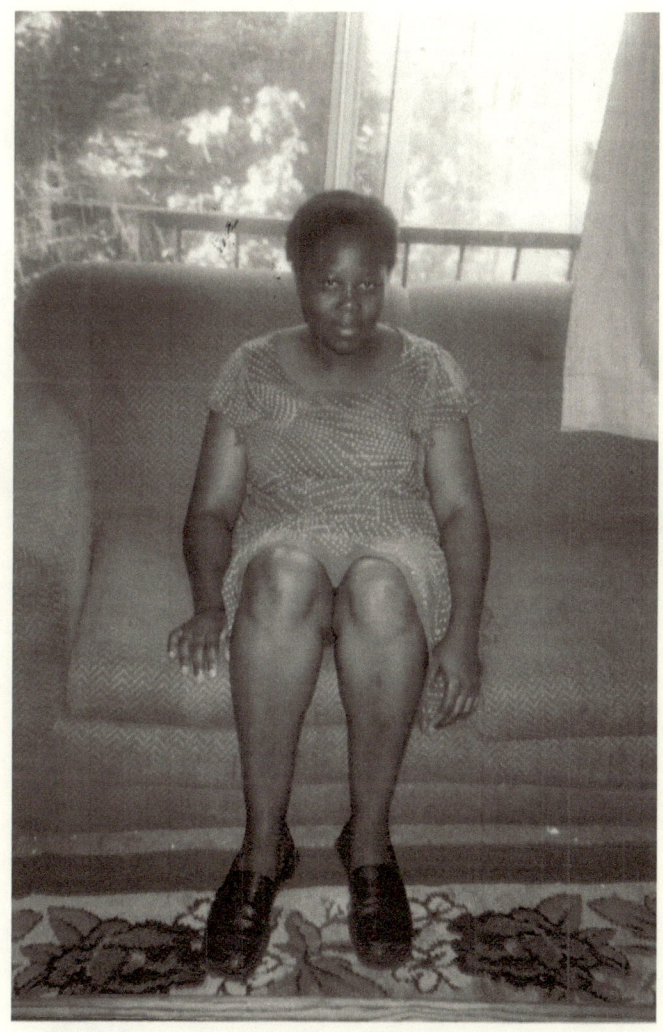

Voici comment etait Annie T Djoum pendant son
bref marriage-ye au demon

La mère d'Annie T. Djoum pendant sa visite aux Etats Unix
avec mes enfants Ange et Ryan

La mère d'Annie T. Djoum pendant sa visite aux Etats Unis
avec Ange et Ryan.

Annie T. Djoum au Limbe Botanic Garden lors des travaux pour ma these de Master.

www.ingramcontent.com/pod-product-compliance
Lightning Source LLC
Chambersburg PA
CBHW021240280526
45784CB00005B/2167